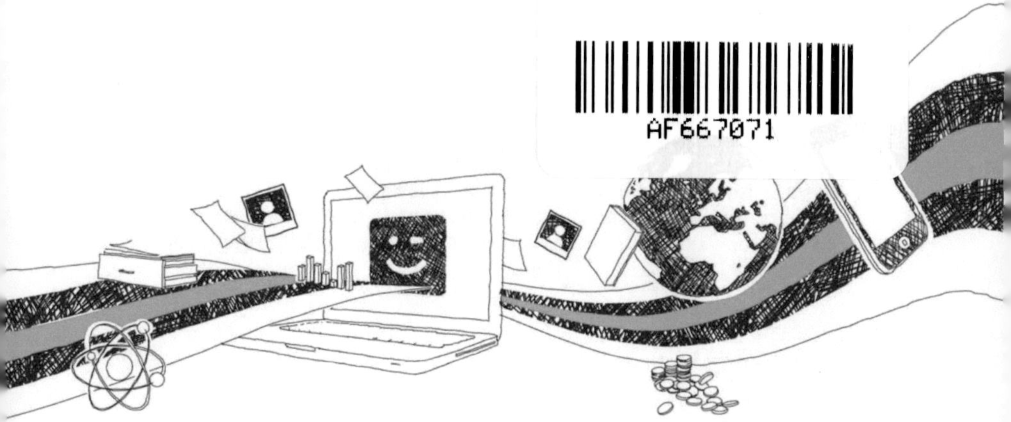

Bibliografische Information der Deutschen Nationalbibliothek:

Die Deutsche Bibliothek verzeichnet diese Publikation in der Deutschen Nationalbibliografie; detaillierte bibliografische Daten sind im Internet über http://dnb.d-nb.de/ abrufbar.

Impressum:

Druck und Bindung: Books on Demand GmbH, Norderstedt Germany
ISBN: 9783668750685

Dieses Buch bei GRIN:

https://www.grin.com/document/430798

Core Posselt

Die Emanzipation der Frau in zeitgenössischen Filmadaptionen Grimm'scher Märchen

GRIN Verlag

Seminararbeit im Profil Deutsch, Kunst

Core Sofie Posselt

Die Emanzipation der Frau in zeitgenössischen Filmadaptionen Grimm'scher Märchen

Inhaltsverzeichnis

1. Einleitung

Es war einmal...jedem von uns ist dieser Satz bekannt. Als Kind wurden uns Märchen vorgelesen, wir haben Filme gesehen, wir haben Prinz, Prinzessin oder Hexe gespielt. Märchen und die zugehörigen Rollen sind in unserer Welt allgegenwärtig.

Die Protagonisten der Märchen galten von jeher als gesellschaftliche Prototypen und hatten die Aufgabe, entweder abzuschrecken, oder als moralische Vorbilder zu dienen.

Auch in unserem Zeitalter sind Märchen noch aktuell, jedoch sind die klassischen Grimmschen Märchen häufig abgeändert, gemildert und modernisiert.

Natürlich haben sich die Märchen nicht grundlos verändert. Märchen passen sich dem Zeitalter an und das taten sie schon immer. Da unser Zeitalter andere Ideale, Erziehungsansätze, Rollenbilder und Moralvorstellungen hat, werden die Märchen an unsere Gesellschaft angepasst.

Das Gleiche gilt auch für das Medium der Geschichten. Aktuell findet man eine Vielzahl an Märchenadaptionen, die verfilmt werden. Dabei richten diese sich an unterschiedliches Publikum: es gibt klassische Märchenfilme wie "drei Nüsse für Aschenbrödel", Komödien wie "Rapunzel neu verföhnt", Horrorfilme wie "Red riding Hood", Animationsfilme wie "Shreck" und Serien wie "Grimm". Da Fantasy bei Jugendlichen spätestens seit "Harry Potter" hoch im Kurs steht, und Märchen das fantastische Element per Definition integrieren, gibt es derzeit viele jugendliche Rezipienten. In dieser Seminararbeit werde ich untersuchen, inwiefern sich die altertümlichen Frauenrollen in Grimm´schen Märchen bis zur heutigen Zeit verändert haben, welche Veränderungen in zeitgenössischen Filmadaptionen vorliegen und wie diese Anpassungen zu erklären sind. Ich werde untersuchen, ob die zeitgenössischen Grimm-Adaptionen tatsächlich ein gleichberechtigtes, emanzipiertes Frauenbild vermitteln. Anlass für diese Fragestellung ist auch die derzeitig aktuelle "#MeToo" Debatte, in welcher die Rolle der Frau und auch Sexismus gegen Frauen erneut grundlegend hinterfragt wird.

2. Hauptteil

2.1 Märchen im Überblick

2.1.1 Was sind Märchen?

Märchen sind fantasievolle und erziehende Erzählungen. Sie sind voller Magie und Wunder, aber auch geprägt von Grausamkeit. In Märchen gibt es immer ein Gut und ein Böse und in allen Märchen wird im Laufe der Handlung das Böse besiegt. Die Menschen sollen eine Moral aus Märchen ziehen, während sie gleichzeitig von ihnen unterhalten werden. In Märchen gibt es keine feste Orts- oder Zeitangaben , sodass sie eine allgemeine Gültigkeit proklamieren.

Die meisten Menschen in Deutschland verbinden mit dem Begriff Märchen die Erzählungen der Gebrüder Grimm. Dies sind Märchen, welche aus mündlichen und schriftlichen Überlieferungen stammen und von den Gebrüdern Grimm niedergeschrieben und überarbeitet wurden. Die Grimmschen Märchen sind kindertauglich umgeschrieben worden und sehr verbreitet. Somit basieren sehr viele Märchenadaptionen auf den Überarbeitungen der Gebrüder Grimm.

In der heutigen Zeit findet man mittlerweile nicht nur Märchen in Büchern oder als Hörspiele, sondern kann Märchenadaptionen auch in Filmen oder Serien entdecken. In diesen werden die altertümlichen Grimm´schen Märchen modernisiert. Bei diesen Modernisierungen wird nicht nur die Sprache und das Medium verändert, sondern auch die Rollen werden abgewandelt.

Die abgewandelten Frauenrollen, die manchmal nur noch in Grundzügen als die ursprünglichen Märchenfiguren zu erkennen sind, gilt in dieser Arbeit der Schwerpunkt des Interesses.

2.2 Bedeutung/Motiv von Märchen

Jedes Märchen vermittelt eine Moral. In jedem Märchen wird das Böse bestraft und das Gute siegt letztendlich. In den Märchen werden somit die negativen Seiten des Lebens aufgezeigt, jedoch wird dem Leser Mut gemacht, indem er durch die Konfliktlösung im Märchen erfährt, dass es immer eine Hoffnung gibt, dass sich alles zum Guten wenden kann. Zudem werden moralische Standards benannt. So wird das Bild eines mutigen Mannes und einer stets tugendhaften Frau propagiert.

Für Kinder sind Märchen sehr wichtig, was durch den Psychologen Bruno Bettelheim bewiesen wurde, da sie mittels dieser lernen, einen Sinn im Leben zu finden. Bettelheim ist der Meinung, dass Märchen für Kinder unterhaltsam, Neugier- und Phantasie anregend sein müssten, aber auch ihre Ängste ansprechen und helfen, Lösungen für diese finden zu können. Kinder sollen, so Bettelheim, mit Hilfe von Märchen ihre Verstandeskräfte weiterentwickeln und so von diesen profitieren.

2.3 Frauenbild in alten Märchen

In vielen Grimm´schen Märchen gibt es die Rolle der Prinzessin, welche die Hauptrolle einnimmt. Diese ist darauf angewiesen, von einem Prinzen gerettet zu werden. Ansonsten ist sie hauptsächlich auf ihr Aussehen reduziert. Die Prinzessin in traditionellen Grimmmärchen ist immer lieb, harmlos, brav, uneitel, fleißig, hilfsbereit und wird im Prinzip als Opfer dargestellt.

In den Märchen war das Ziel der Prinzessin die Eheschließung. Dies war das einzige moralisch korrekte Ideal für die Frau.

Die Prinzessinnen in alten Märchen sind außerdem immer Jungfrauen und müssen ihre Unschuld bewahren, bis der Retter kommt.

Eine typische Märchenprinzessin ist Dornröschen. Dornröschen ist die Prinzessin, welche sich nach einem Fluch einer der weisen Frauen, welche auch als Fee bekannt ist, an ihrem 15. Geburtstag an einer Spinnnadel sticht und in einen 100-jährigen todesähnlichen Schlaf verfällt. Um wieder zu erwachen muss ein Prinz sie wachküssen.

Das beweist ihre Abhängigkeit vom Mann. Zusätzlich wird sie bloß auf ihr Äußeres reduziert, was man daran nachweisen kann, dass der Prinz, welcher sie zuvor nicht kannte, sie sieht, und sich sofort in die schlafende Prinzessin verliebt, ausschließlich, weil sie schön ist.

Daraufhin heiraten sie sofort, / was bestätigt, dass die Eheschließung das finale Ziel des Märchens ist.

Ein weiteres Beilspiel für eine solche schlafende Schönheit, welche von ihrem Prinzen gerettet werden muss, ist Schneewittchen.

Auch in diesem Märchen wird die Prinzessin als von der bösen Stiefmutter verstoßenes Opfer dargestellt, wird von den sieben Zwergen verpflegt und aufgenommen, da sie Angst hat und schön ist. Ihre Tugendhaftigkeit wird während des Aufenthalts bei den Zwergen deutlich, da sie sich um alles kümmert und fürsorglich ist. Als sie anschließend in den vergifteten Apfel beißt, muss sie von ihrem Prinzen gerettet, beziehungsweise wachgeküsst werden und sie heiraten sofort.

Auch Schneewittchen ist in dem altertümlichen Märchen sehr schwach und unselbstständig, was man daran erkennen kann, dass sie nicht alleine im Wald klarkommt und ständig beschrieben wird wie ängstlich sie ist. Sie ist zudem sehr naiv, da sie den Prinzen, der sie wachgeküsst hat, sofort heiratet. Sie bindet sich somit an einen Mann, den sie nicht kennt und der sich lediglich aufgrund ihres Aussehens in sie verliebt hat.

Dass eine Prinzessin fleißig, uneitel und tugendhaft ist, kann man auch sehr gut an dem Beispiel Aschenputtels erkennen, da diese sich nicht gegen die böse Stiefmutter oder ihre Stiefschwestern auflehnt, fleißig ihre Arbeit macht und gut zu allen ist.

Eine andere Frauenrolle im altertümlichen Märchen ist die Rolle der bösen Stiefmutter. Die böse Stiefmutter ist die Antagonistin der Prinzessin. Diese nutzt die Oberflächlichkeit des Königs aus, welcher sie aufgrund ihrer Schönheit und oberflächlich gespielten Liebenswürdigkeit heiratet, wodurch sie Macht erhält.

Die Stiefmutter wird als dominant, selbstsüchtig und ungerecht dargestellt.

Jedoch ist die Stiefmutter immer die Person, die am Ende für ihre gemeinen Taten büßen muss und alles verliert. Sie ist immer eine starke Frau, die aber keinerlei Vorbildpotential hat, da sie durch und durch böse und durchtrieben ist.

Ein Beispiel für eine typische Stiefmutter ist die Stiefmutter von Schneewittchen. Nachdem die Königin stirbt, sucht der König sich eine neue Frau, welche somit zu Schneewittchens Stiefmutter wird.

Ihre Dominanz erkennt man daran, dass in dem Grimm´schen Märchen der Vater, also der König, nicht mehr erwähnt wird und nur die Königin agiert.

Als sie erfährt, dass Schneewittchen die Schönere sei, packt sie der Neid und sie veranlasst Schneewittchens Tod. Schneewittchen wird jedoch von dem Jäger verschont und da die Königin verlangt, Schneewittchens Leber und Lunge zu essen, liefert der Koch ihr die Organe eines anderen. Dies zeigt die Grausamkeit der Stiefmutter.

Somit ist die Stiefmutter im altertümlichen Märchen Schneewittchen eine sehr typische, gemeine, eitle, grausame und neidische Stiefmutter.

Mit der Stiefmutter können auch Stiefschwestern auftreten, also die Töchter der Stiefmutter. Stiefschwestern werden als gemein, faul und zickig dargestellt und sind immer hässlicher als die Hauptdarstellerin. Die Stiefschwester wird immer von der Stiefmutter bevorzugt.

Wie die Stiefmutter sind auch die Stiefschwestern am Ende nicht die „Gewinner" und müssen einen Verlust einstecken. Dieser Verlust ist meist von Grausamkeit geprägt.

Ein Beispiel für Stiefschwestern in Grimm'schen Märchen sind die Stiefschwestern von Aschenputtel in dem Märchen Aschenputtel. Die Stiefschwestern werden von der Mutter mit Reichtum und Wohlstand überhäuft und sollen mit einem schönen Prinzen verheiratet werden. Aschenputtel dagegen wird von der Stiefmutter für den Haushalt verantwortlich gemacht und muss hart für sie schuften. Am Ende des Märchens wird die Eitelkeit der Stiefschwestern bestraft. Ohne Zehen und Prinzen gehen sie leer aus. Dies beweist, dass die benannten Eigenschaften grausam bestraft werden.

Die Hexe, oder auch die böse Fee ist auch eine sehr Bekannte und häufig verwendete Rolle in Märchen. Die Darstellung der Hexe ist meistens prototypisch. Sie wird als bösartig und grausam, vereinsamt, hässlich, alt, spottlustig, hinterlistig und gruselig dargestellt.

Eines der typischen Märchen mit Hexen ist Hänsel und Gretel. Hänsel und Gretel werden von ihren Eltern im Wald ausgesetzt und werden anschließend von einer alten Hexe, welche die Kinder mit ihrem einsam im Wald stehenden Brothaus angelockt. Das einsame Haus im Wald ist typisch für Hexen und die List, mit der sie die Kinder anlockt und täuscht, ebenso. Hänsel und Gretel werden von ihr gefangen und sie beschließt, die Kinder, wie sie es schon mit anderen getan hat, zu kochen und zu essen. Dies ist der Beweis für die Grausamkeit der Hexe. Letztendlich sind es aber die Kinder, welche zu ihrer eigenen Rettung die Hexe in den Ofen schubsen, woraufhin sie verbrennt und Hänsel und Gretel flüchten können.

Eine weitere typische weibliche Rolle in Märchen ist die guten Fee.

Die gute Fee wird immer als schön, weise und gut, aber auch launisch dargestellt und wird somit zur Gegenspielerin der Hexe. Die gute Fee wendet im Gegensatz zur Hexe keine Gewalt an und tut nur Gutes.

Typische gute Feen sind in dem Märchen Dornröschen zu erkennen.

Die Feen wünschen der jungen Prinzessin zu ihrer Geburt viele Gaben wie Schönheit, Glück etc. wünschen, welche sich im Laufe ihres Lebens erfüllen. Somit erfüllt sich in dem grimmschen Märchen Dornrösschen die Darstellung als die Gute und Helferin.

Die Königin in Märchen stirbt meist am Anfang des Märchens, was man mit der hohen Frauensterblichkeit begründen kann und sie wird durch die böse Stiefmutter ersetzt, wodurch man die Königin meist mit ihr assoziiert und die Stiefmutter zur Antagonistin der guten Königin wird.

Ein Beispiel für eine Königin und eine Stiefmutter als Königin ist Schneewittchen. In dem Grimm`schen Märchen Schneewittchen stirbt die Königin, welche als gute, gerechte Frau mit Kinderwunsch dargestellt wird.

Nach Schneewittchens Geburt ist ihre Mutter somit tot und ihr Vater, der König, heiratet eine neue Frau, die Königin und gleichzeitig Schneewittchens Stiefmutter wird.

Bei der Beschreibung der Stiefmutter in Schneewittchen (siehe S.2,3) wurde schon festgestellt, dass die Stiefmutter in dem Märchen böse, grausam, eitel und neidisch ist.

Somit wird die Königin, wenn sie als Stiefmutter dargestellt wird, immer mit diesen negativen Merkmalen dargestellt, während die Königin selbst schwach oder kränklich und damit hilflos ist.

Man erkennt hier also beispielhaft dargestellt den sehr eingeschränkte Bestand an Frauenrollen. Als Vorbilder bietet sich ausschließlich die passiv agierenden, tugendhaften Schönheiten an, die keine eigenen Entscheidungen treffen können, an. Jede Faulheit, jede eigene Eigenständigkeit wird grausam sanktioniert. Dies ist ein Frauenbild, was in der heutigen Zeit sehr zweifelhaft ist.

2.4 Problematisierung des Frauenbildes in alten Märchen

2.4.1 Emanzipation

Unter der Emanzipation versteht man den Vorgang der rechtlichen und gesellschaftlichen Gleichberechtigung von Mann und Frau und die Befreiung aus der Abhängigkeit zur Selbstständigkeit und Unabhängigkeit.

2.4.2 Emanzipation der Frau

Vor den Anfängen der Emanzipation war die Frau rechtlos, wehrlos und unterdrückt von der männlichen Gesellschaft und somit rechtliches Eigentum eines Vater oder eines Ehemannes. Die weibliche Gesellschaft war juristisch nicht einmal existent und hatte somit auch keinerlei Rechte. Kein Recht auf Eigentum, kein Recht auf Meinungsfreiheit, kein Recht über die Verfügungsgewalt über Kinder, oder über die eigene.

Der Mann hatte die Verfügung darüber, ob seine Frau arbeiten durfte oder nicht. Frauen mussten die Haushaltsführung und die Kindererziehung übernehmen, sodass das Grundeinkommen Sache des

Mannes war. Somit verfügte er über das Geld. Auch die hohe Bildung wurde weitestgehend den Frauen verwehrt und wenn sie zugelassen wurden, kam es oft zu sexuellen Übergriffen von Männern.

Meinungen von Frauen wurden als unvernünftig angesehen, da diese laut der Ärzte mit der Gebärmutter und nicht mit dem Gehirn denken würden.

Zudem sollten sie nicht zu selbstbewusst oder selbstständig sein, da dieses Verhalten von den Männern, welche sich als überlegen ansahen, nicht geduldet wurde. Frauen bekamen einen schlechten Ruf.

Die Familie war vor Anfängen der weiblichen Emanzipation in vielen Fällen eine lieblose Zweckgemeinschaft.

Dieses Frauenbild änderte sich mit dem Beginn der Industrialisierung, welche Ende des 18. bis Anfang des 19. Jahrhunderts stattfand , da sich durch diese die Produktionsbedingungen veränderten und Frauen somit arbeiten konnten, aber deutlich weniger Gehalt erhielten. In dieser Zeit lebte auch die Frauenrechtlerin Olymp de Gourges, die 1791"Die Erklärung der Rechte der Frau und Bürgerin" verfasste.

Im weiteren Verlauf der Zeit eigneten sich die Frauen immer mehr Rechte an und kamen der rechtlichen Gleichstellung des Mannes immer näher. Das Rollenbild der Frau hatte sich jedoch nur gering geändert, da die Frau trotz dessen noch diejenige war, die sich um Mann, Kinder und Haushalt zu kümmern hatte.

Der größte Wandel des Frauenbildes fand im 20. Jahrhundert, anhaltend bis zu unserer Zeit statt.

Ein großer Umschwung fand während der Weimarer Republik (1918-1933) statt, da während dieser Zeit das Frauenwahlrecht anerkannt wurde. Dies war ein großer Fortschritt für die Emanzipation der Frau, da sie nun über das Recht verfügten, mitzuentscheiden.

Jedoch wurde die Frauenbewegung durch die NSDAP zurückgedrängt, indem bestimmte Tätigkeiten für Frauen verboten wurden und das klassische Bild der Frau als Mutter und Haushälterin belohnt und geehrt wurde.

Als nach dem zweiten Weltkrieg 1949 im Grundgesetz niedergeschrieben wurde, dass Männer und Frauen gleichberechtigt seien, entstanden viele Frauenverbände. Die Frau war nun dazu berufen, selbstständig sein und selbstständig entscheiden zu können.

1972 wurde die Abtreibung legalisiert und auch die Verhütung wurde erlaubt , wodurch die Frau in weiten Teilen sexuelle Selbstbestimmung erlangte. Jahrzehntelang kämpfte die Frau um ihre Gleichberechtigung.

2.4.3 heutiges Frauenbild

Heutzutage ist das Frauenbild generell emanzipierter.

Frauen können selbst über sich entscheiden, können selbstständig und unabhängig sein. Das Bild der bloßen Hausfrau ist längst überholt und die Frau ist dem Mann rechtlich und gesellschaftlich gleichgestellt.

Die Frau hat heutzutage selber die Verfügungsgewalt über ihren eigenen Körper und darf, was man früher nie für möglich gehalten hätte , abtreiben und auch selbst über Verhütung bestimmen.

Trotz allem gibt es bei der Bezahlung noch deutliche Unterscheide zwischen Männern und Frauen. Im Zuge der "#MeToo"-Debatte wird zudem deutlich, dass auch selbstbewusste Frauen sehr häufig von männlichen Übergriffen ungeschützt und häufig sehr sexualisiert werden. Ohne jede Frage setzen Fernsehsendungen wie zum Beispiel "Germanys next Topmodel" Frauenvorbilder, die nach wie vor auf Schönheit und Willigkeit reduziert werden.

2.4.4 Warum ist die Emanzipation von Frauen in Märchen wichtig?

Die Emanzipation der Frau in Märchen ist sehr wichtig, da diese meist Kindern vorgelesen werden. In dem jungen Alter sollten diese nicht die unemanzipierten, naiven, schwachen Frauen als Vorbild nehmen, oder denken, dass man als Frau nicht selbstständig und unabhängig sein kann.

Da Kinder nach Bettelheim durch Märchen ihre Verstandeskräfte weiterentwickeln, könnte die unemanzipierte Rolle der Frau dies negativ beeinflussen.

Kinder sollten auch im jungen Alter merken, dass Männer Frauen nicht überlegen sind und Mädchen müssen wissen, dass sie genauso mutig und stark sein können wie Jungs. Die Helden junger Kinder sollten sich somit dem gesellschaftlichen Rollenbild anpassen, damit die jungen Generationen Grundsätze unserer Zeit auch durch Märchen kennenlernen. Die Helden sollten vielschichtig sein und grundlegende Ansätze unseres emanzipierten Rollenbildes übernehmen. Somit lernen auch Kinder diese Grundsätze in ihrem Leben widerzuspiegeln, anstatt längst veraltete Rollenklischees kennenzulernen und anzunehmen.

2.5 Frauenbild in zeitgenössischen Märchenadaptionen

Im Anschließenden werde ich an diversen modernen Filmadaptionen untersuchen, ob und inwiefern sich die Frauenrolle in den Märchen verändert hat.

Beginnen werde ich mit Filmen für junge Erwachsene. Diese Filme sind nicht für Kinder geeignet, da sie zu brutal und gruselig sind, sind aber in den entsprechenden Altersgruppen sehr beliebt.

Der erste von mir ausgesuchte Film mit einer Märchen-Adaption ist "Red Riding Hood". Dieser Film adaptiert das Märchen Rotkäppchen. Die Rolle des Rotkäppchens nimmt die schöne und liebliche Amanda Seyfried ein. Das Mädchen lebt in einem kleinen Dorf, welches von Werwolfangriffen bedroht ist. Sie führt eine Liebesbeziehung zu einem Holzfäller, welcher sie aufgrund seiner finanziellen Lage nicht heiraten darf. Die beiden wollen fliehen, um sich eine romantische, gemeinsame Zukunft zu ermöglichen. Jedoch wird ihre Flucht von einem Wolfsangriff verhindert und nach weiteren Angriffen stellt sich heraus, dass der Wolf zu Valery sprechen kann und sie eine Verbindung haben. Er will sie entführen und als er dies tut, nachdem keine Abwehr Valerys erfolgt, stellt sich heraus, dass der Wolf Valerys Vater ist. Ihr Liebhaber tötet diesen, da er angegriffen wird, wird verwundet und mutiert selber zum Werwolf. Um Valery davor zu schützen gefressen zu werden, verlässt er sie und sie wohnt seither in einer einsamen Hütte außerhalb des Dorfes. Am Ende des Filmes kehrt ihr Liebhaber, als sich beherrschender Werwolf zurück. Valery sieht den gesamten Film über perfekt aus und ihr gesamtes Erscheinungsbild wirkt sehr verletzlich und enemanzipiert. Die junge Frau ist weder sonderlich mutig, noch tapfer. Sie selbst unternimmt nichts gegen den Wolf und will sich vor ihm verstecken. Sie wirk fast den ganzen Film über verängstigt und gleichzeitig weist die Rolle keine interessante Persönlichkeit auf. Somit ist die Protagonistin sehr unemanzipiert.

In Disneys Maleficent, welcher eine Filmadaption zu Dornröschen ist, wird die Hauptdarstellerin sehr emanzipiert dargestellt. Die böse Fee wird hierbei zur Hauptdarstellerin, sie ist selbstständig, single, stark und weist gleichzeitig Gutherzigkeit auf. Ihre Bösartigkeit wird dadurch begründet, dass sie von ihrer großen Liebe verletzt wurde, da dieser sie verraten und entstellt habe. Nach diesem Verrat und der Entstellung zahlt sie es ihm heim und rächt sich für seinen Übergriff, indem sie seine Tochter verflucht. Auch als Dornröschen mit dem Namen Aurora in den tiefen Schlaf fällt und von der wahren Liebe wachgeküsst werden muss, ist es Maleficent, die das Mädchen wachküsst, da während Auroras lebenslangen Aufenthalt im Wald, um sie von dem Fluch zu schützen, eine mütterliche Liebe zwischen den beiden aufgebaut wurde. Somit ist auch die Prinzessin nicht mehr von einem Prinzen abhängig. Diese Adaption zeigt zwar die klassische Rollenverteilung der Frau, jedoch widersetzt die Hauptdarstellerin sich dieser und zeigt, dass sie anders ist und auch, dass sie keinen Mann braucht. Die ursprüngliche Antagonistin Auroras wird als gutherzige Frau dargestellt und ist als Hauptfigur sehr emanzipiert und stark.

In dem Film: "Snowwhite and the huntsman" wird das Märchen Schneewittchen adaptiert. Die Prinzessin ist sehr mutig und tapfer. Sie kämpft in Rüstung und bewaffnet gegen die Armee der bösen Königin. Die Prinzessin lässt sich von dem Jäger begleiten und sie kämpfen Seite an Seite. Schneewittchen scheint den ganzen Film über ungeschminkt, sieht nicht den ganzen Film über hübsch aus, sondern ihre natürliche Schönheit zeigt sich auch, wenn sie dreckig und zerzaust ist. In dem Film wird darauf verwiesen, dass die wahre Schönheit im Herzen und nicht bloß im äußeren liege.

Nun werden Märchenadaptionen in Kinderfilmen untersucht.

Eine Filmadaption des Märchens Rapunzel ist der Disney-Film "Rapunzel- Neu verföhnt". In dem Zeichentrickfilm für Kinder wird Rapunzel sehr hübsch, verträumt, lieb, neugierig, schreckhaft, naiv und romantisch dargestellt. Sie flieht gemeinsam mit Flynn Rider, einem Dieb, aus dem Turm, nachdem sie ihn zwingt, mit ihr an ihrem Geburtstag die Lichter am See anzusehen. Rapunzel ist ein sehr emotionales Mädchen, das schnell mal verzweifelt und vor allem Angst hat, da sie noch nie zuvor den Turm verlassen hat. Sie erschreckt sich vor kleinen Häschen. Als Flynn uns sie in einen Gasthof kommen, und Flynn sie überzeugen will umzudrehen, zeigt sich Rapunzels Gabe, die Menschen zu begeistern und zu überzeugen. Rapunzels "Waffe" ist eine Bratpfanne und sie trägt den ganzen Film über Kleider, was alles andere als emanzipiert ist.

Ein weiterer Kinderfilm, in dem jedoch viele verschiedene Märchen adaptiert werden, ist der mehrteilige Animationsfilm Shrek. Die weibliche Hauptrolle ist Prinzessin Fiona, welche halb Oger, halb Mensch ist und aus einem Turm gerettet werden muss, der von einem Feuer speienden Drachen bewacht wird. Prinzessin Fiona hat durchaus Seiten einer traditionellen Prinzessin, z.B. die Vorstellung ihren Traumprinzen zu finden, aber ist ansonsten sehr emanzipiert. Wenn sie zum Oger wird ist sie weder schön, noch dünn. Fiona ist sehr stark, mutig, weiß sich zu wehren und ist sehr willensstark. Sie weist einen interessanten Charakter auf und ist eine sehr emanzipierte Frau, die sich von Männern keineswegs unterdrücken lässt.

An diesen unterschiedlichen Darstellungen der Frau in den Märchenadaptionen ist zu erkennen, dass die Neukreation der weiblichen Hauptcharaktere sehr durchwachsen ist. In manchen Filmen wie „Maleficent“, „Snowwhite and the Huntsman“ oder „Shrek“ sind die Hauptdarstellerinnen emanzipiert. Sie sind uneitel, mutig und selbstbestimmt. Dies macht sie zu tauglichen Vorbildern für junge Zuschauer unseres Zeitalters.

In den anderen untersuchten Filmadaptionen „Red Riding Hood“ und „Rapunzel- Neu verföhnt“ sind die weiblichen Akteure sehr schwach, ängstlich und unemanzipiert. Zudem hat Vaery, die Hauptdarstellerin aus „Red Riding Hood“ wenig Charakter und wird auf eine fast sterile Weise dargestellt.

3. Fazit

Die Emanzipation in modernen Märchenadaptionen ist meiner Meinung nach noch keinesfalls ausreichend, da die Rollenverteilung sich nicht genug abgewandelt hat und die Frau oder Prinzessin meist trotzdem als lieblichen, schönes Geschöpfchen dargestellt wird, das sich nur zu gern von ihrem Prinzen oder anderen Männern helfen lässt.

Zeitgenössische Märchenadaptionen sollten ein Ebenbild einer emanzipierten Frau darstellen, damit auch die jungen Generationen, welche von Märchen sehr beeinflusst werden, mit dem Gedanken aufwachsen, dass die Frau genauso stark und mutig sein kann wie der Mann und nicht immer bloß schön und sanft sein muss.

Frauenrollen in Märchen sollten natürlich trotz dessen Gefühle zeigen können und auch ein Liebesleben führen dürfen, jedoch sollten diese nicht völlig abhängig von einem Mann sein, sich selbst zu helfen wissen, mutig sein und nicht zu perfekt dargestellt werden. Viele Kinder wachsen durch die moderne Medienwelt mit der Vorstellung und dem Ideal einer Frau auf, die immer perfekt, dünn und schön sein muss, was durch die Märchen nicht unterstützt werden sollte.

Durch Filme wie „Rapunzel neu Verföhnt“ bekommen junge Mädchen den Eindruck eines naiven Mädchens, das bloß immer nur süß und witzig ist. Dieser Eindruck ist eine falsche und sehr in Frage zu stellende Vermittlung des Frauenbildes.

Heutzutage sollten Märchenadaptionen ein Frauenbild aufnehmen, was selbst stark ist, sich nicht von Männern retten lassen muss und auch andere Ziele im Leben als die Heirat hat. Zudem sollten die weiblichen Akteure in Märchen einen ausgeprägteren Charakter haben als in den ursprünglichen Märchen.

Auch Kinder und junge Erwachsenen sollten durch ihre Vorbilder erfahren, dass Mädchen nein sagen und nicht nur aus Männersicht gewertet werden. Erst dann stellt die "#me too" Debatte einen Erfolg dar.

4. Literaturverzeichnis

- Hetmann, Frederik: Märchen und Märchendeutung. erleben und verstehen. Frankfurt 1982.
- Karl, Michaela: Die Geschichte der Frauenbewegung. Stuttgart 2011
- Rölleke, Heinz: Brüder Grimm Kinder- und Hausmärchen. Die handschriftliche Urfassung von 1810, Ditzingen 2007
- Hilt, Kerstin: Industrialisierung in Deutschland.2018. URL: https://www.planet-wissen.de/gesellschaft/wirtschaft/industrialisierung_in_deutschland/index.html.
- Frysak, Victoria: Die Rechte der Frau.2014-2017. URL: http://olympe-degouges.info/frauenrechte/
- ARD: Zwischen Sexismus und Missbrauch.2018. URL: http://www.ard.de/home/kultur/Sexismus_Debatte/4419976/index.html
- grimmstories.com: Hänsel und Gretel. 2018 URL:https://www.grimmstories.com/de/grimm_maerchen/hansel_und_gretel
- grimmstories.com: Schneewittchen.2018. URL: https://www.grimmstories.com/de/grimm_maerchen/sneewittchen_schneewittchen
- grimmstories.com: Dornrösschen.2018. URL: https://www.grimmstories.com/de/grimm_maerchen/dornroschen
- grimmstories.com: Aschenputtel.2018. URL: https://www.grimmstories.com/de/grimm_maerchen/aschenputtel
- grimmstories.com: Rotkäppchen.2018. URL: https://www.grimmstories.com/de/grimm_maerchen/rotkaeppchen
- URL: http://www.bpb.de/gesellschaft/gender/frauenbewegung/
- Die Stiefmutter im Märchen. URL: http://www.maerchenatlas.de/miszellaneen/marchenfiguren/die-stiefmutter-im-maerchen/
- URL: http://www.buchkultur.net/magazin_content/schule_content/arbeiten/Pantillon_Gabriel.pdf
- Vogt-Lüerssen, Maike: Die durchschnittliche Lebenserwartung. URL: http://www.kleio.org/de/geschichte/mittelalter/alltag/kap_x2/
- Duden: Emanzipation. URL: https://www.duden.de/node/664826/revisions/1334116/view
- http://www.daserste.de/unterhaltung/film/sternstunde-ihres-lebens/specials/chronik-emanzipation-100.html
- http://www.maerchenatlas.de/miszellaneen/marchenforschung/marchen/

- Palaverbaum Märchen: Märchentherapie.2014-2016.URL: http://palaverbaum.de/maerchentherapie.htm

- Roedig, Andrea: #MeToo. Wir sind fremd in diesem Film. März 2018. URL: www.zeit.de/kultur/2018-03/metoo-feminismus-homosexualitaet-lesben-10nach8

- .Wortwuchs: Merkmale eines Märchens.URL: wort-wuchs.net/maerchen-merkmale/

- Prof. Dr. Wagner, Leonie:Ein Ende mit Schrecken.2008. URL: http://www.bpb.de/gesellschaft/gender/frauenbewegung/35269/frauen-im-nationalsozialismus

- Dr. Schüller, Elke: Frauen und Männer sind gleichberechtigt.2008.URL: http://www.bpb.de/gesellschaft/gender/frauenbewegung/35275/neuanfang-im-westen

- Museum für Verhütung und Schwangerschaftsabbruch: Schwanger-schaftsabbruch.2018. URL: http://de.muvs.org/topics/abbruch/